Gift Of Life...

Love makes life a fairy tale...

Jai

BookLeaf Publishing

India | USA | UK

Made with ❤ on the BookLeaf Publishing Platform
www.bookleafpub.in
www.bookleafpub.com

Dedication

Dedicated to the special one...

Preface

"Gift of Life" is a poetic expression of my journey from finding my soulmate, to expressing my imagination & feelings for the one who has very special place in my heart...

Acknowledgements

Thank you, BookLeaf, for providing a platform and tools that empower writers or non-writers (like me) to share their untold stories with the world.

1. Gift of life...

That innocent face with shyness in the eyes,
Your magical smile with refreshing sweet voice..

My courageous act of wishing you happy birthday with
nervousness,
and your words **"Thank you Jai...that is the best gift I've**
ever got" *made me speechless...*

Those sweet memories of our small & long talks,
Those unforgettable rides and ever lasting walks...

The bond we share has a special vibe,
You are the **most beautiful gift of my life***...*

2. Silsila...

Yun hi chalta rahe zindagi bhar,
silsila ye mulaqaton ka...

Wo sunhari yaadon kai,
aur khatti mithi baaton ka...

Paas tumhare baith kar,
wo Safar barsaton ka...

Thame hue hath bayan karna,
aankho se jazbaton ka...

Kaise bataun tumhe,
tum chand ho meri raton ka...

Yun hi chalta rahe zindagi bhar,
silsila ye mulaqaton ka...

3. सिलसिला...

यूँ ही चलता रहे ज़िन्दगी भर,
सिलसिला ये मुलाकातों का...

वो सुनहरी यादों का,
और खट्टी मीठी बातों का...

पास तुम्हारे बैठ कर,
वो सफ़र बरसातों का...

थामे हुए हाथ, बयाँ करना,
आँखों से जज़्बातों का...

कैसे बताऊँ तुम्हें,
तुम चाँद हो मेरी रातों का...

यूँ ही चलता रहे ज़िन्दगी भर,
सिलसिला ये मुलाकातों का...

4. Shiddat...

Tum sada yunhi muskurate raho,
itni shiddat meri duaon mein ho...

Awaj dena hum chale aayenge,
kitni hi mushqil rahon mein ho...

Rahun mein kahin bhi,
bus tera hi aks meri nigahon mein ho...

Ho agar is mohabbat ki sham kabhi,
to sirf teri bahon mein ho...

5. शिद्दत...

तुम सदा यूँ ही मुस्कराते रहो,
इतनी शिद्दत मेरी दुआओं में हो...

तुम्हारी आवाज़ सुनकर हम चले आएंगे,
कितनी ही मुश्किल राहों में हो...

रहूँ में कहीं भी,
बस तेरा ही अक्स मेरी निगाहों में हो...

हो अगर इस मोहब्बत की शाम कभी,
तो सिर्फ तेरी बाहों में हो...

तुम सदा यूँ ही मुस्कराते रहो,
इतनी शिद्दत मेरी दुआओं में हो...

6. Tasweer

Guzari hai na jane kitni raaten ,
teri tasweer se baat kar...

Fir bhi Ji karta hai ji bhar ke dekhun tumhe fir se raat
bhar...

Neend bhi aa jati hai dheere dheere, sone ko ji fir bhi
nahi karta...

Rahte ho khayalon me tum sada, ji hai ke fir bhi nahi
bharata...

7. तस्वीर

गुजरी हैं न जाने कितनी रातें,
तेरी तस्वीर से बात कर...

फिर भी जी करता है,
जी भर के देखूं तुम्हें फिर से रात भर...

नींद भी आ जाती है धीरे-धीरे,
सोने को जी फिर भी नहीं करता...

रहते हो खयालों में तुम सदा,
जी है कि फिर भी नहीं भरता...

8. Sukoon

Meri khwahish, meri chahat,
tum hi mera junoon ho
dil ki dhadkan bhi tum,
aur tum hi dil ka sukoon ho

9. सुकून

मेरी ख़्वाहिश, मेरी चाहत,
तुम ही मेरा जुनून हो...
दिल की धड़कन भी तुम,
और तुम ही दिल का सुकून हो...

10. Muskurahat

Nahi ho baat tum se jis din,
khud ko tanha sa pata hoon mein...

Fir jab muskarakar baat karte ho tum,
khil sa jata hoon mein...

11. मुस्कुराहट

नहीं हो बात तुम से जिस दिन,
खुद को तन्हा सा पाता हूँ मैं...

फिर जब मुस्कराकर बात करते हो तुम,
खिल सा जाता हूँ मैं...

12. Khubsurat

12

Mahakta gulab, dilkash shabab,
masumiyat ki murat ho tum…
Najar ye tum se hat ti hi nahi,
beinteha khubsurat ho tum…

13. खूबसूरत

13

महकता गुलाब, दिलकश शबाब,
मसूमियत की मूरत हो तुम।
नज़र ये तुम से हटती ही नहीं...
बेइंतहा खूबसूरत हो तुम...

14. Diwana

Jab se ye mulaqatein aam hui...
Pata hi na chala, kab din hua, kab sham hui...

Jagata hun raat bhar,
din mein soya sa rahta hun...
Kisi diwane ki tarah har pal,
khoya khoya sa rahta hoon...

15. दीवाना

जब से ये मुलाकातें आम हुई,
पता ही न चला, कब दिन हुआ, कब शाम हुई...

जागता हूँ रात भर, दिन में सोया सा रहता हूँ
किसी दीवाने की तरह हर पल, खोया खोया सा रहता हूँ...

16. Sangeet

Tumhare hontho se nikala har shabd,

ek geet sa lagata hai...

Ab to tumhara muskurana bhi, madhur sangeet sa lagata

hai...

17. संगीत

तुम्हारे होंठों से निकला हर शब्द,
एक गीत सा लगता है...
अब तो तुम्हारा मुस्कुराना भी,
मधुर संगीत सा लगता है...

18. Dua

Jannat si lagati hai ye duniya,
jab tumhare jaisa dildaar mile...
Janm hua agar dubara, dua hai,
sirf tumhara pyaar mile...

19. दुआ

जन्नत सी लगती है ये दुनिया,
जब तुम्हारे जैसा दिलदार मिले...
जन्म हुआ अगर दुबारा,
दुआ है, सिर्फ तुम्हारा प्यार मिले...